CW00622049

Grafton
An imprint of HarperCollins*Publishers*
77-85 Fulham Palace Road
Hammersmith, London W6 8JB

Published by Grafton 1993
The Lord of The Rings Birthday Book

ISBN 0261 10289 3

Printed in Hong Kong

THE LORD OF THE RINGS BIRTHDAY BOOK

Illustrated by
ALAN LEE

Grafton
An Imprint of HarperCollins*Publishers*

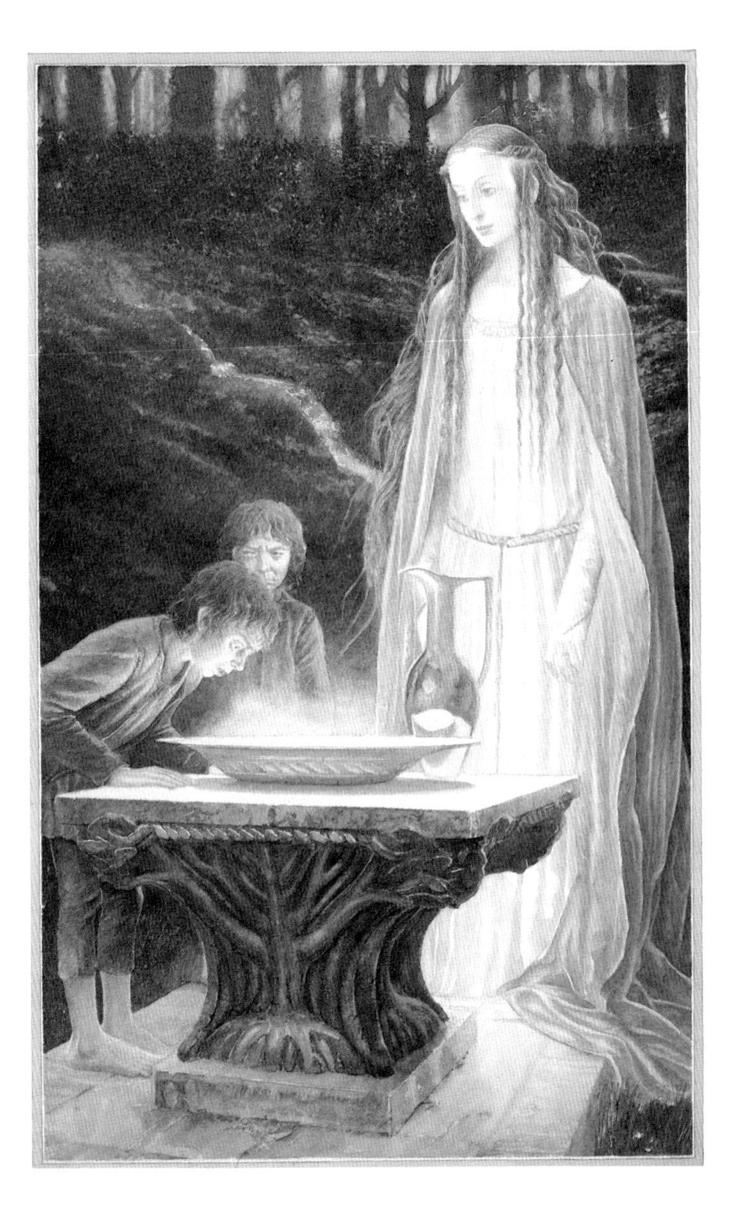

JANUARY

1

2

3

4

10
11
12
13
14

15
16
17
18
19

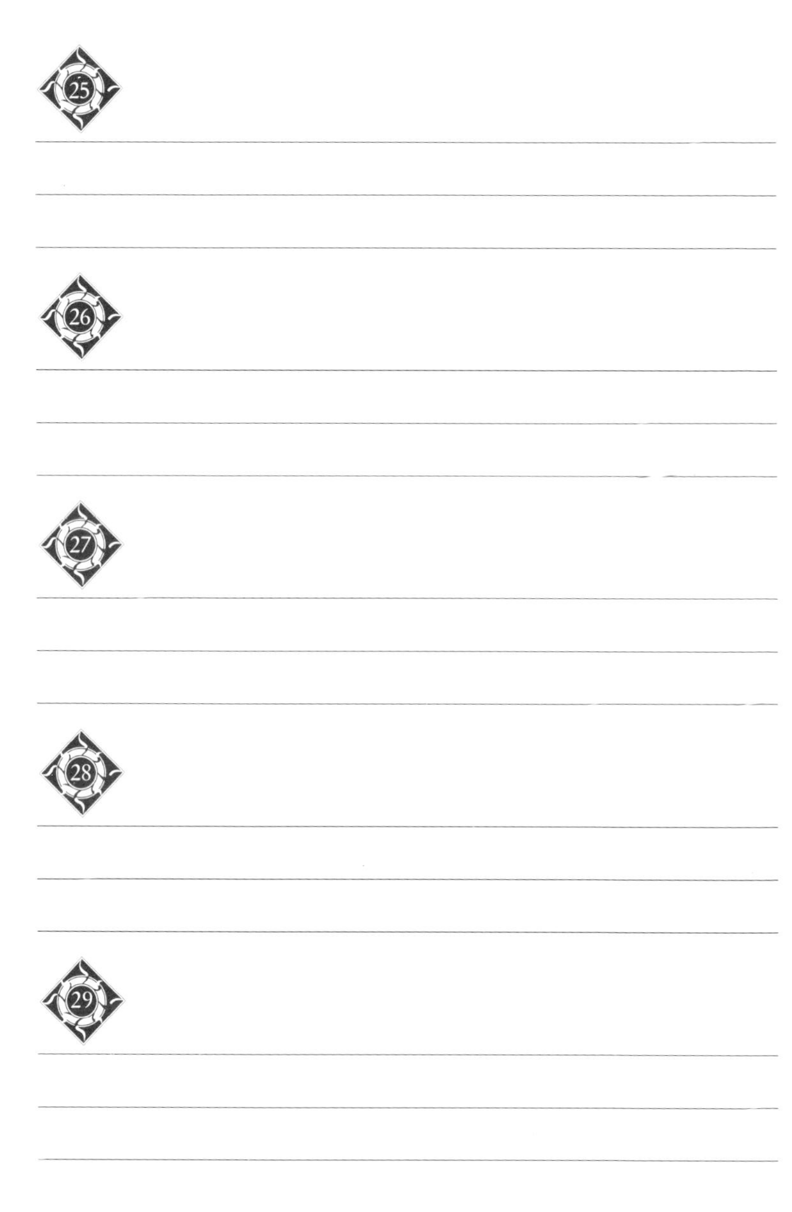
25
26
27
28
29

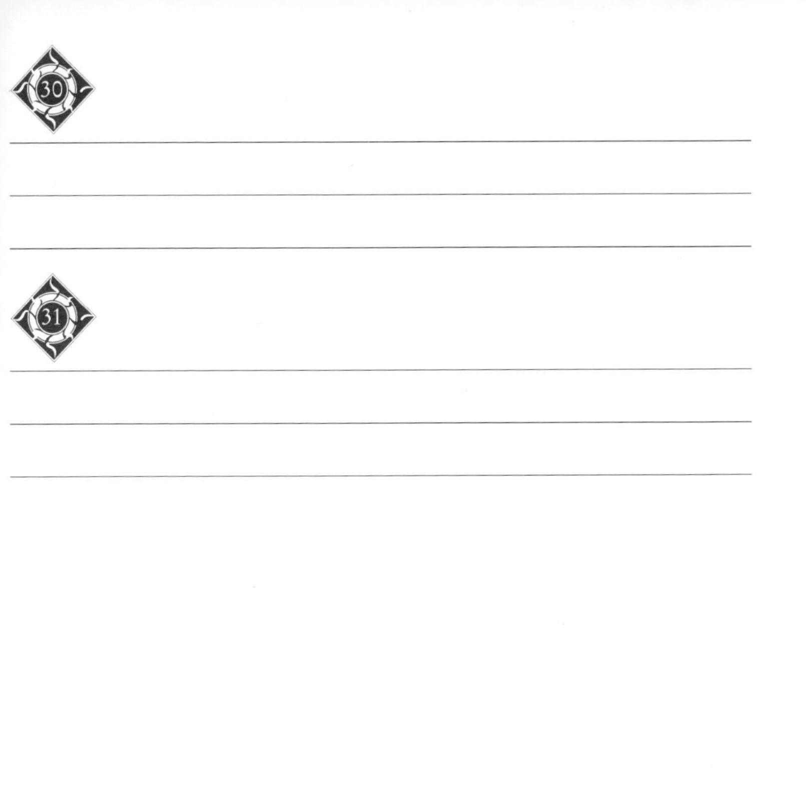
30
31

FEBRUARY

1

2

3

4

5
6
7
8
9

10
11
12
13
14

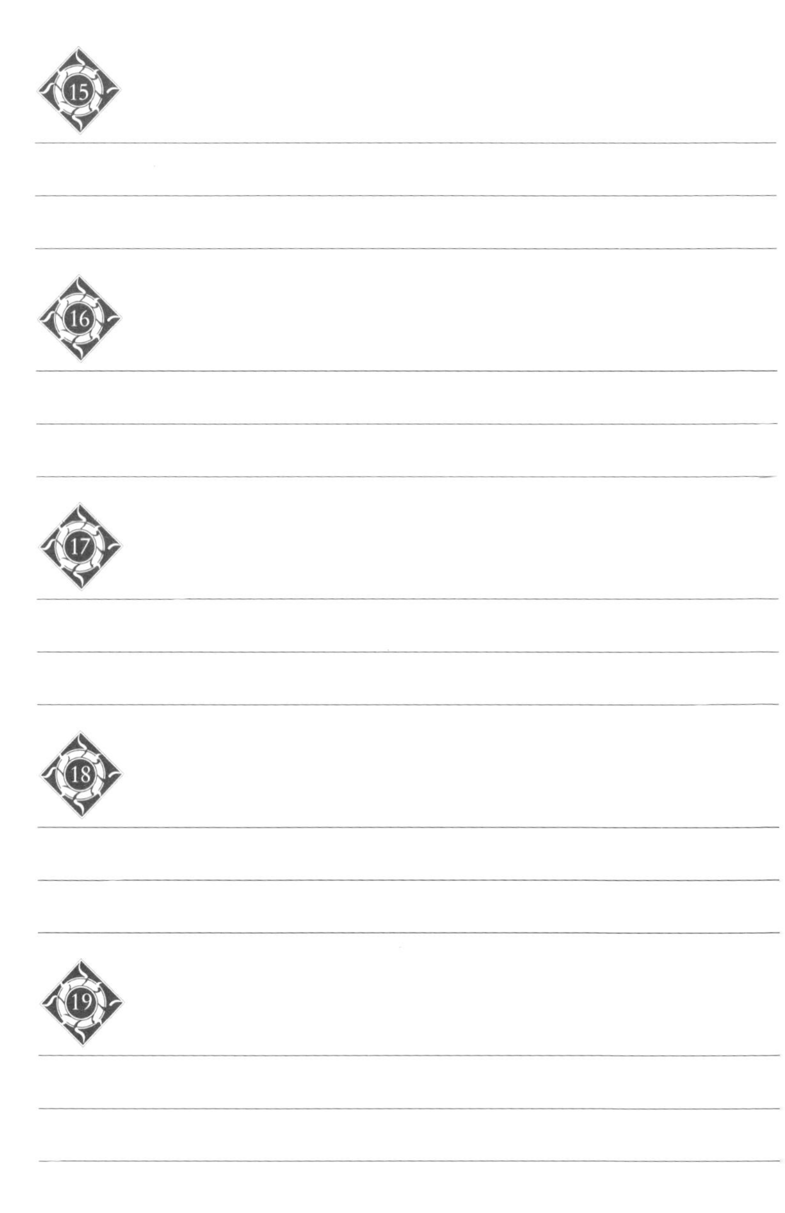
15
16
17
18
19

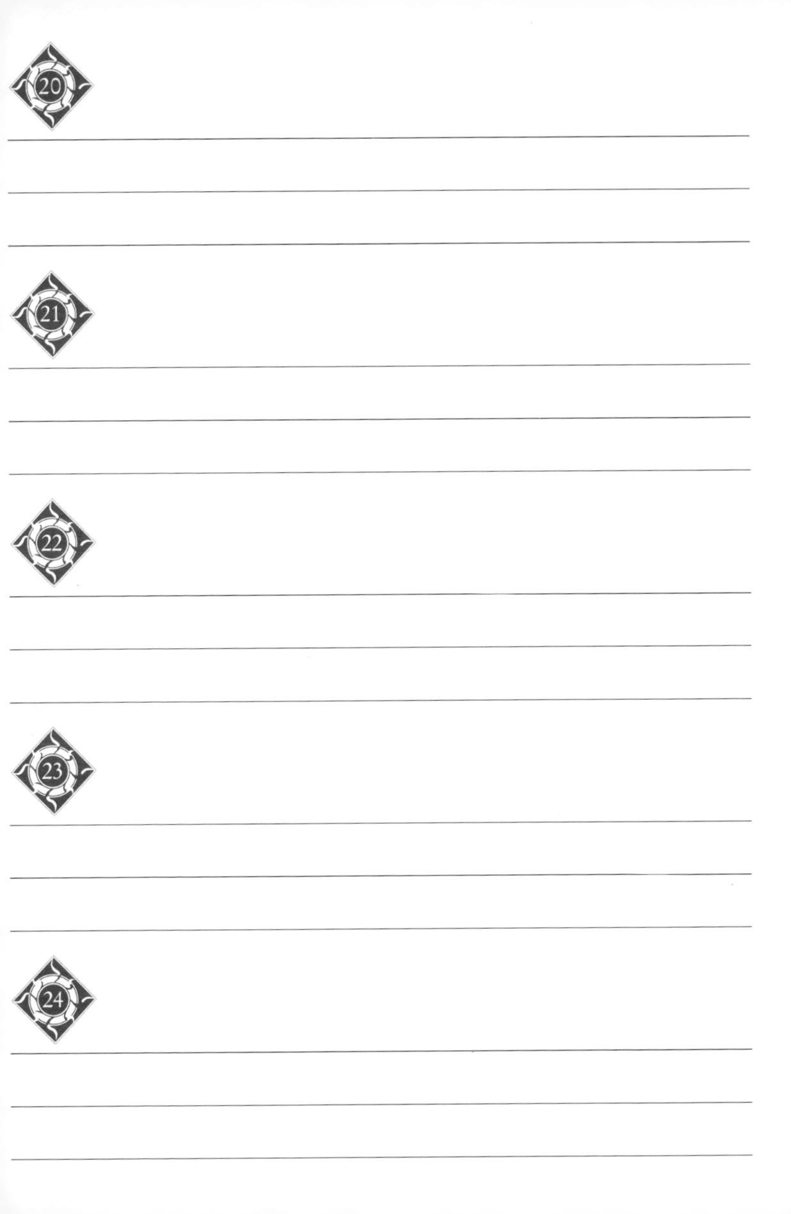
20
21
22
23
24

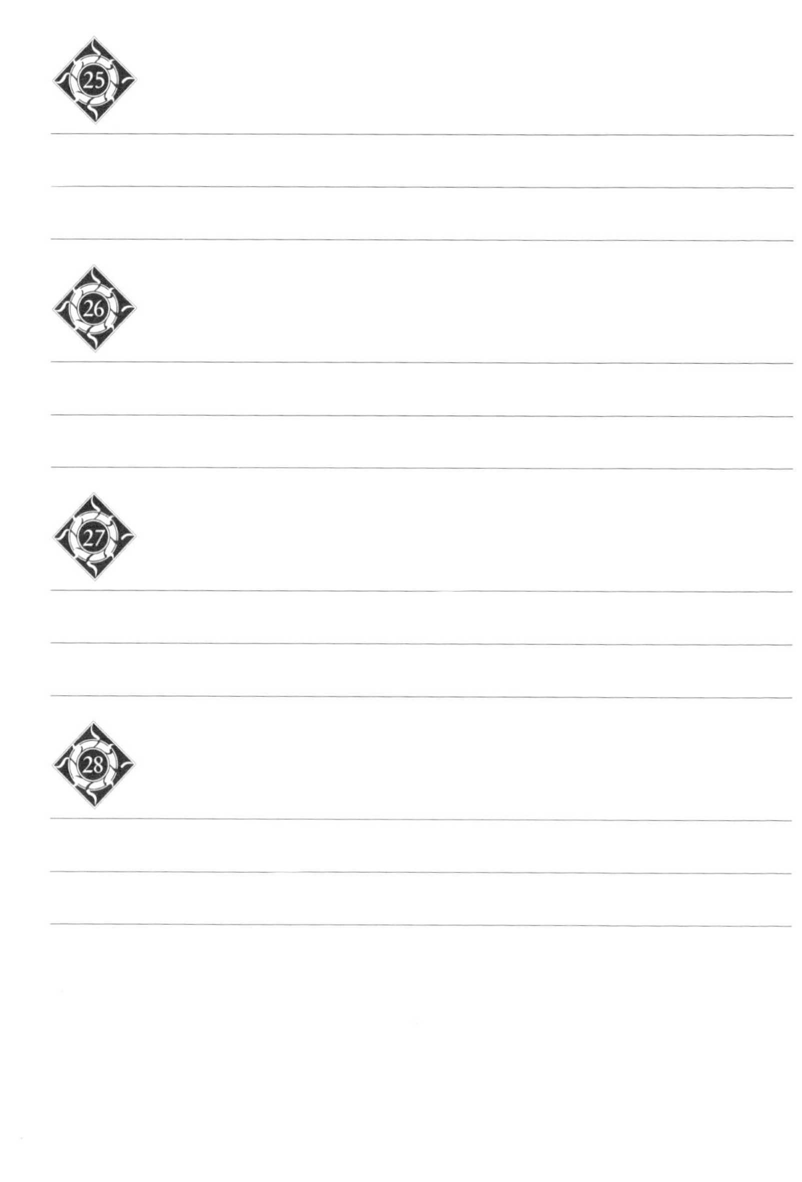
25
26
27
28

MARCH

1

2

3

4

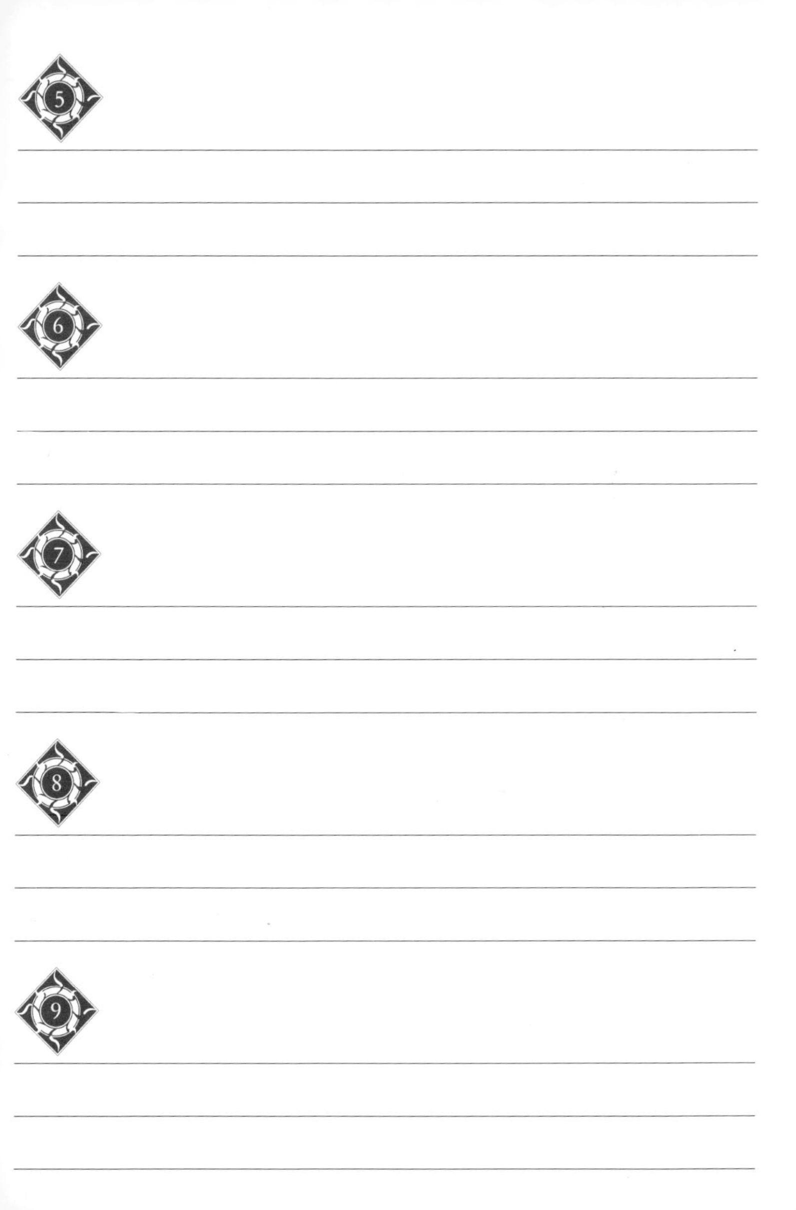

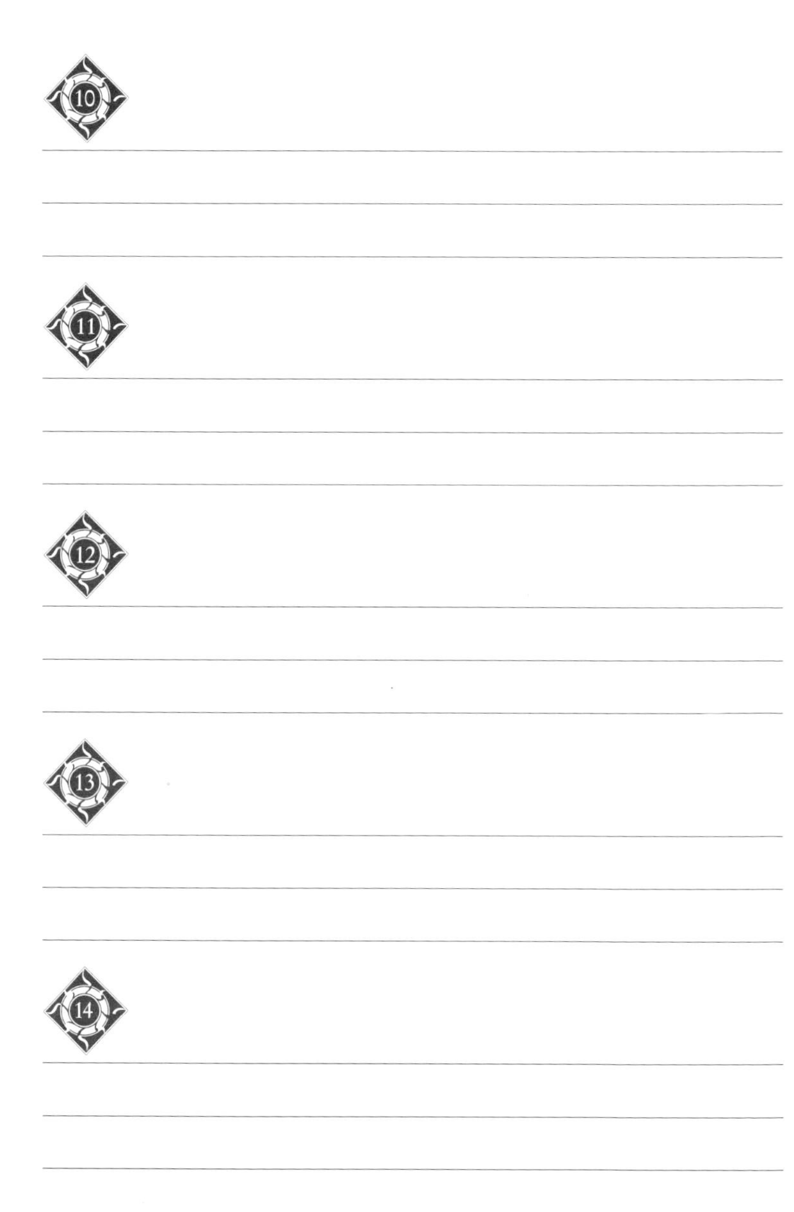
10
11
12
13
14

15
16
17
18
19

20
21
22
23
24

25
26
27
28
29

APRIL

1

2

3

4

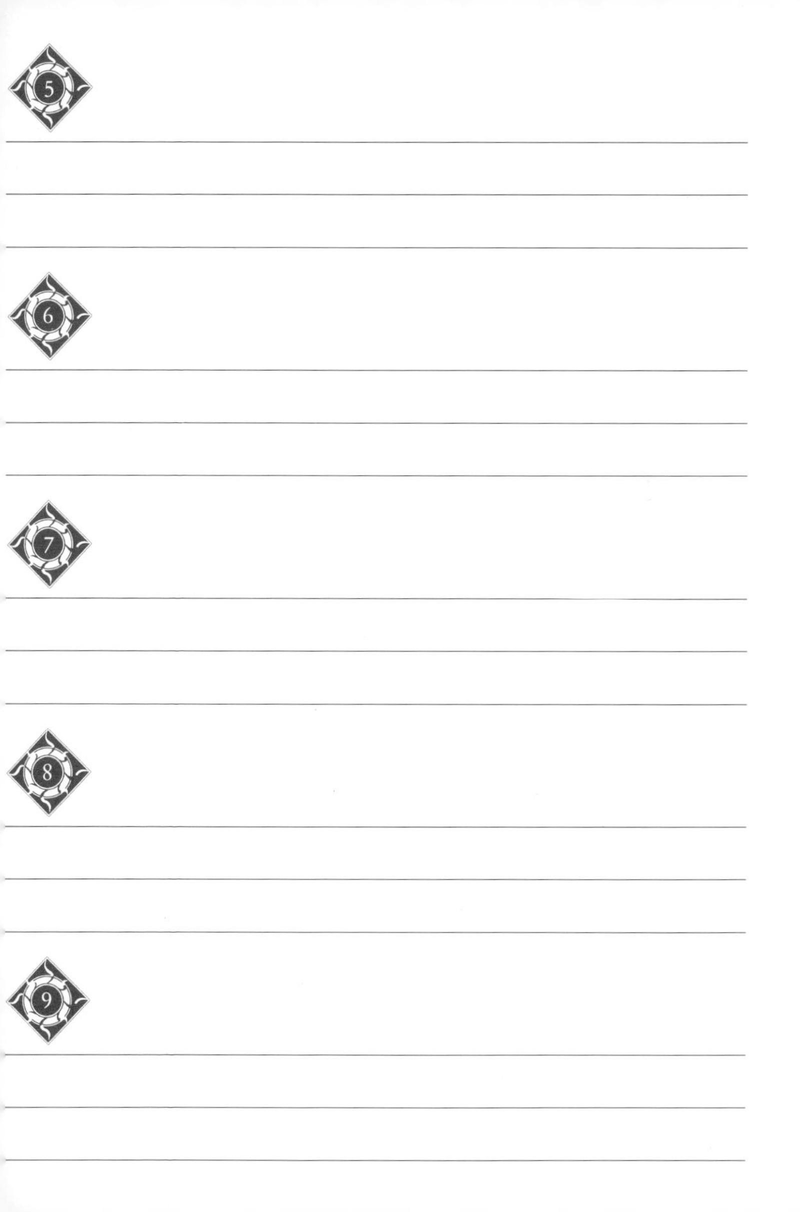
5
6
7
8
9

10
11
12
13
14

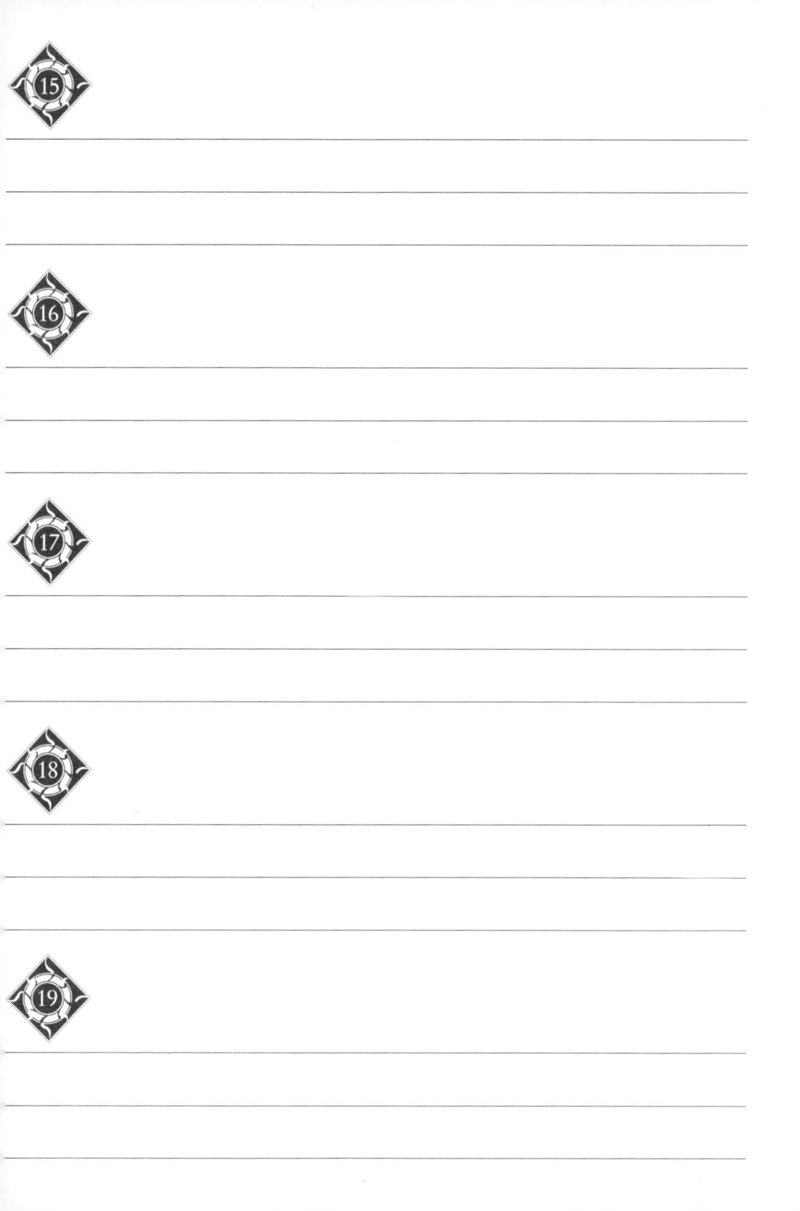
15
16
17
18
19

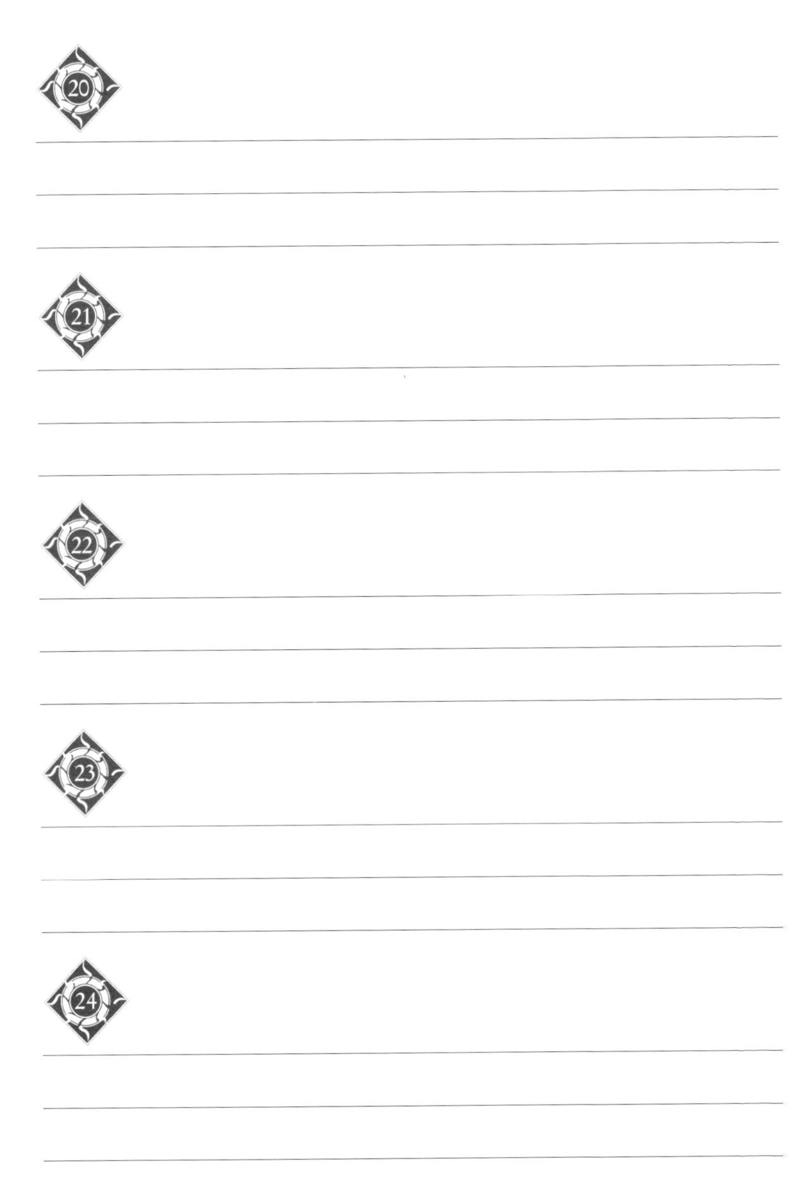

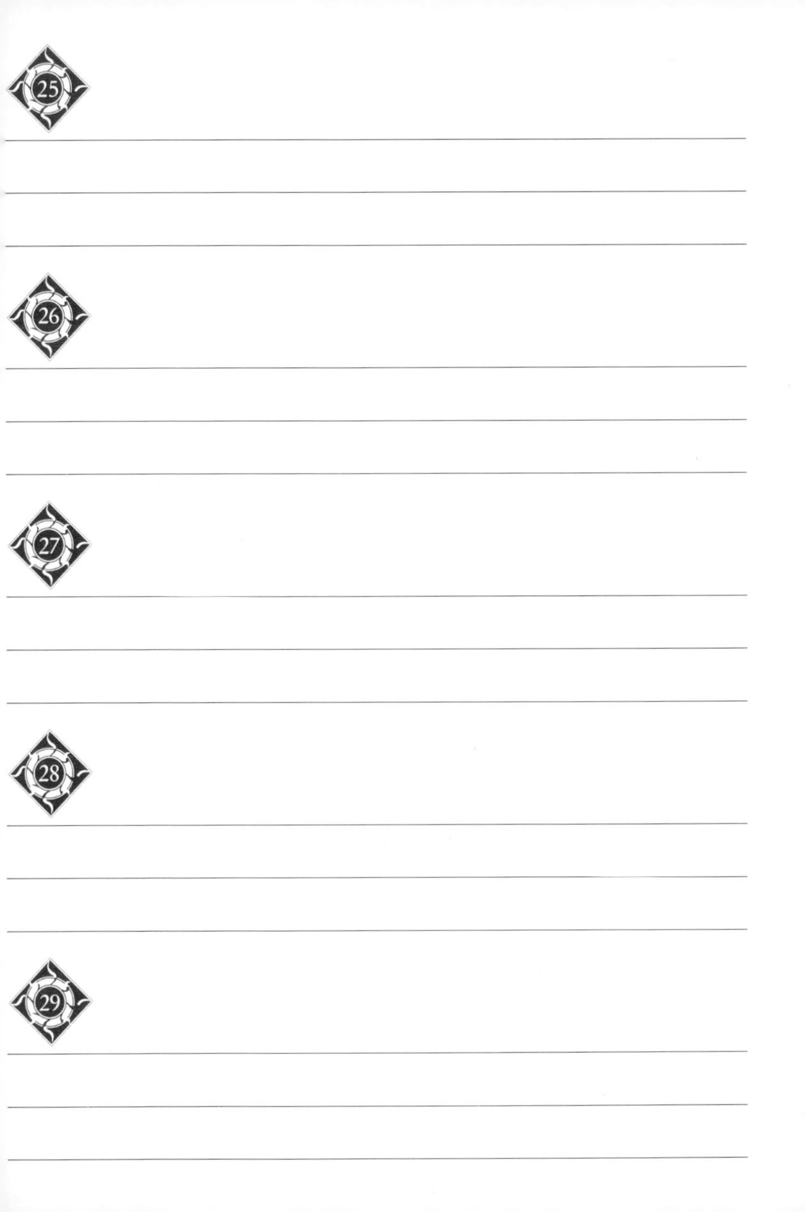
25
26
27
28
29

MAY

1

2

3

4
5
6
7
8

9
10
11
12
13

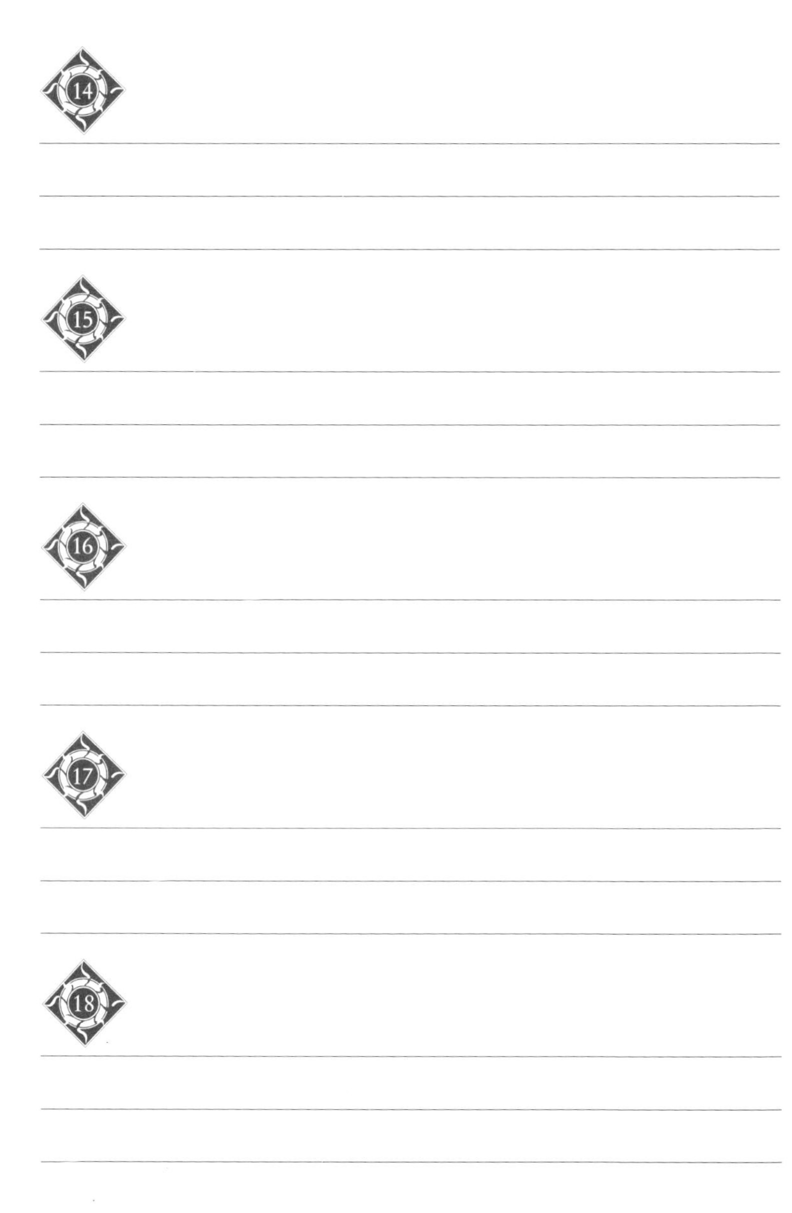
14
15
16
17
18

19
20
21
22
23

24
25
26
27
28

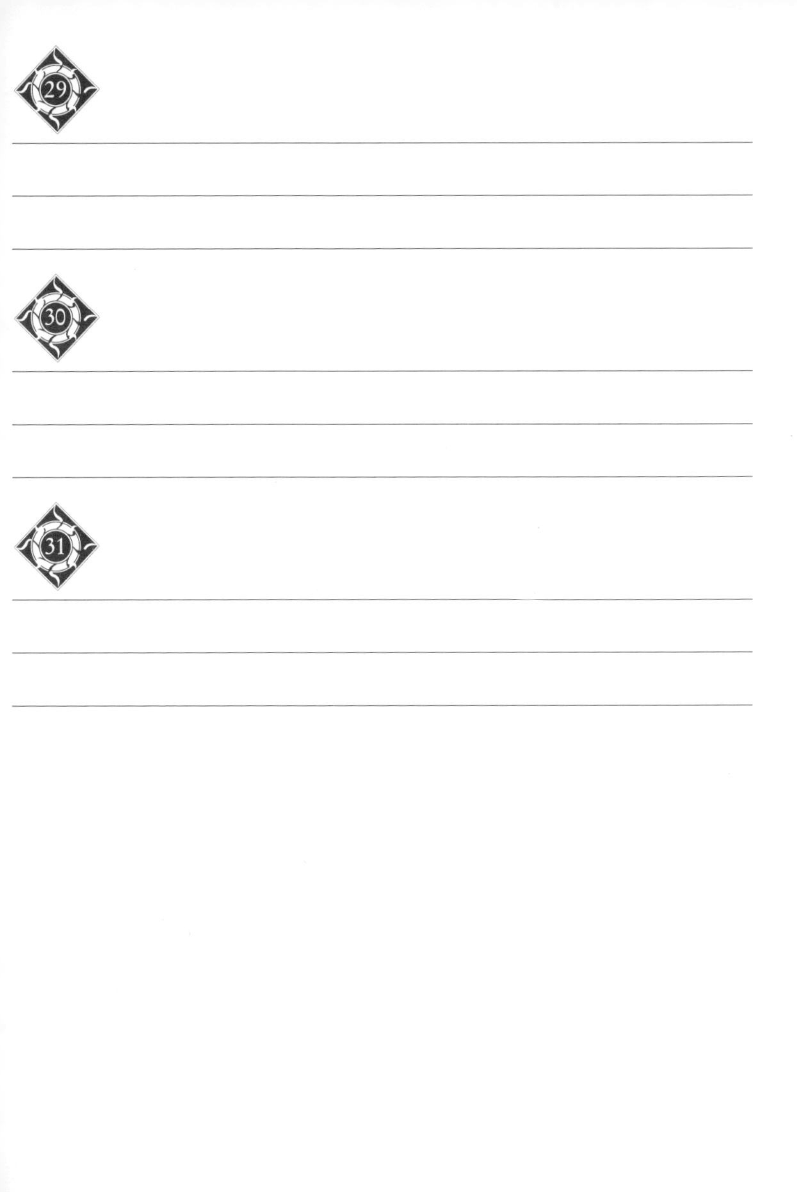
29
30
31

JUNE

1

2

3

4

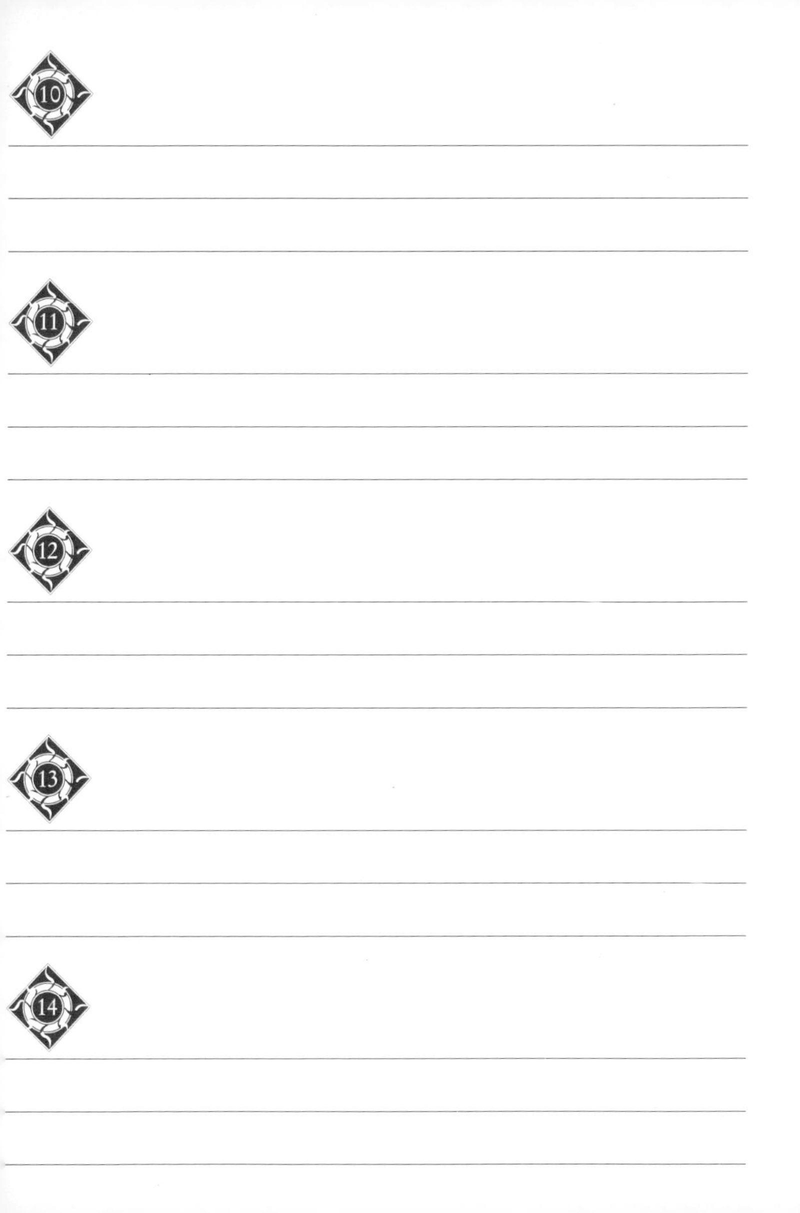
10
11
12
13
14

15
16
17
18
19

20
21
22
23
24

25
26
27
28
29

JULY

4
5
6
7
8

9
10
11
12
13

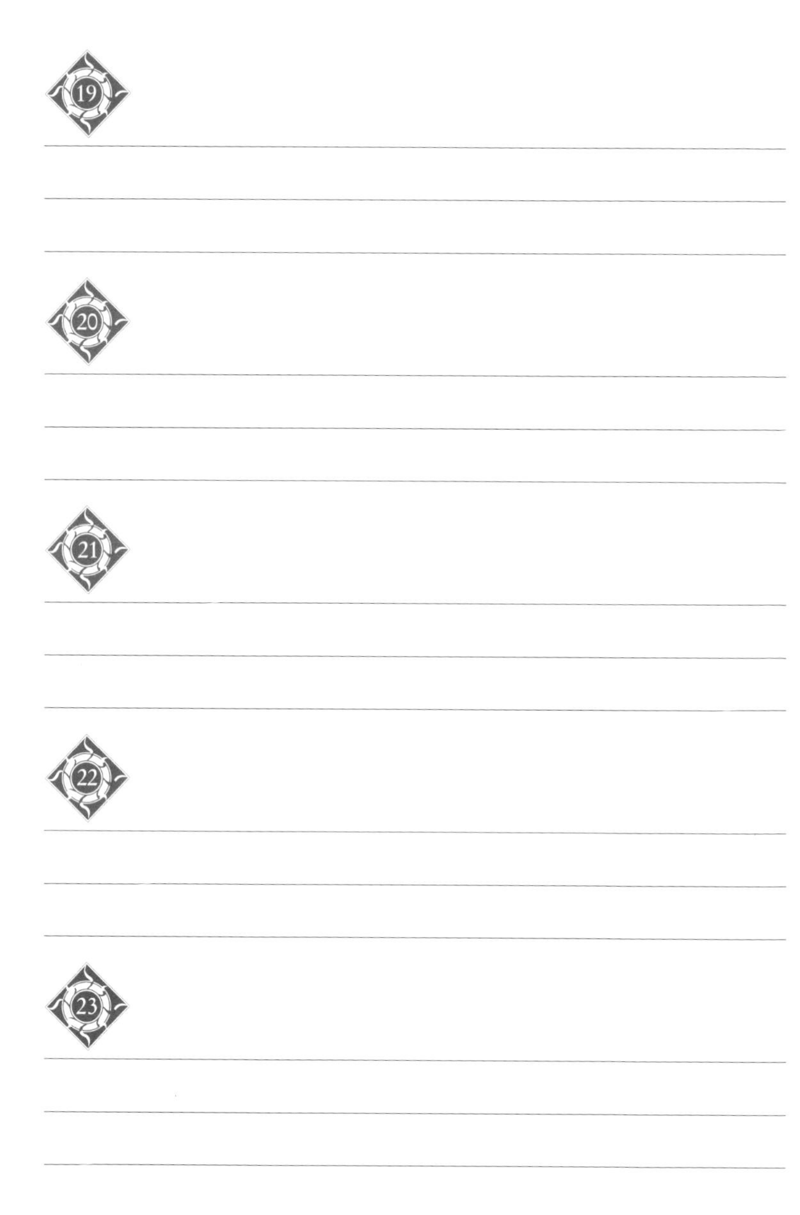
19
20
21
22
23

24
25
26
27
28

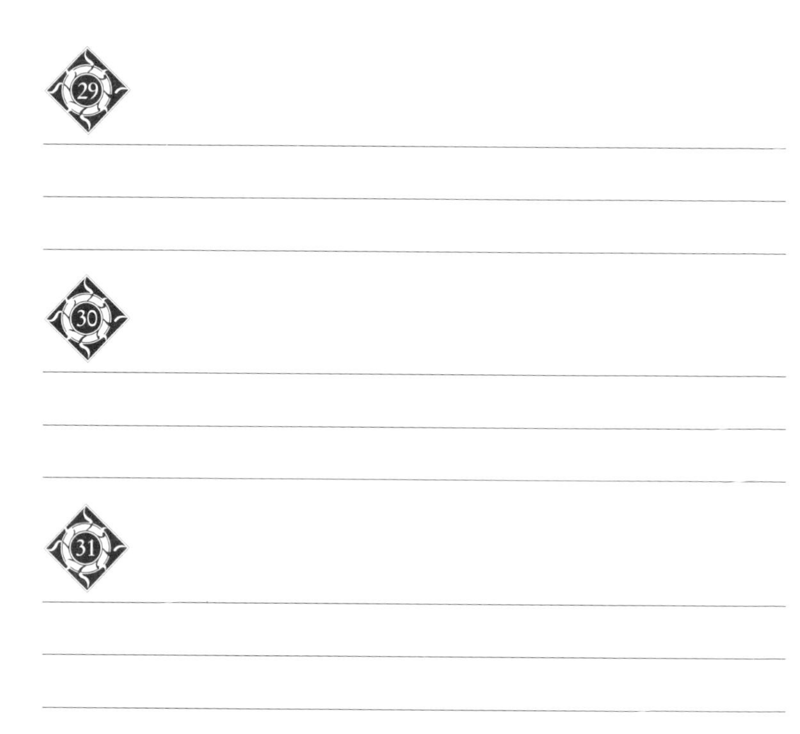
29
30
31

AUGUST

1

2

3

4

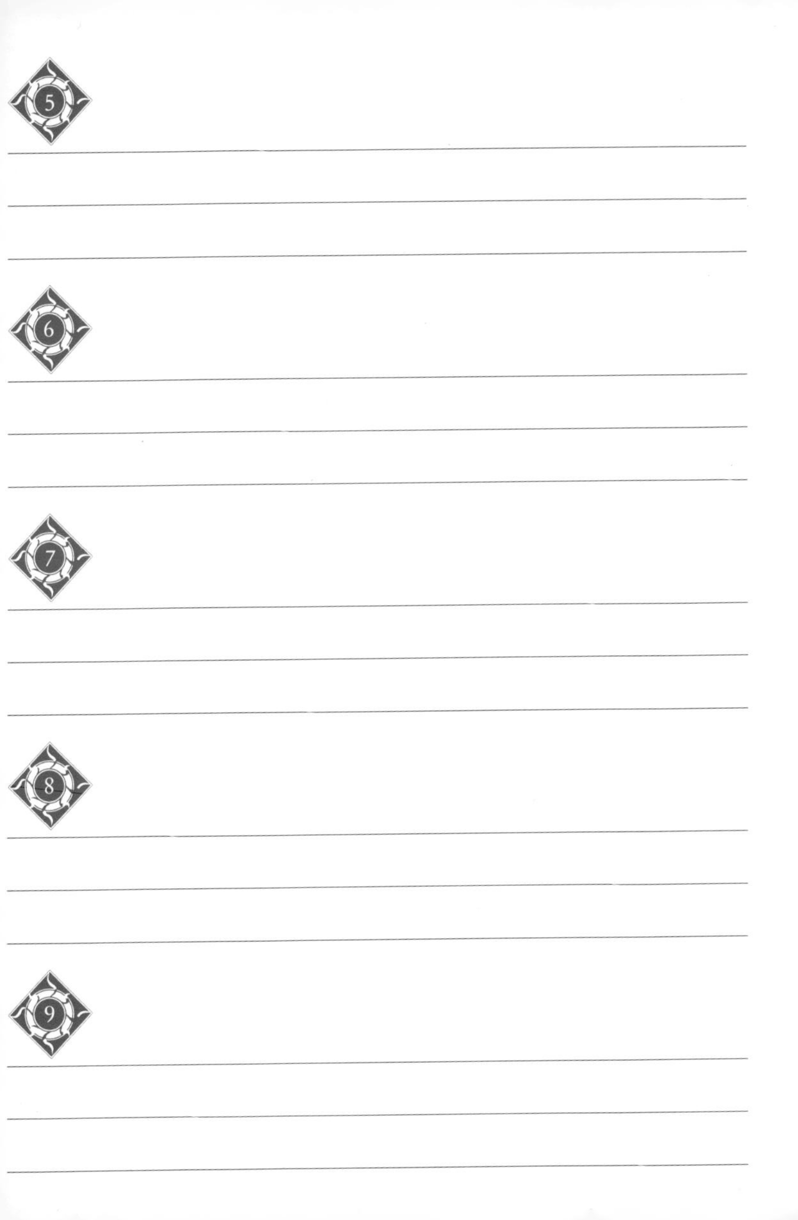
5
6
7
8
9

10
11
12
13
14

15
16
17
18
19

20
21
22
23
24

25
26
27
28
29

SEPTEMBER

1

2

3

4

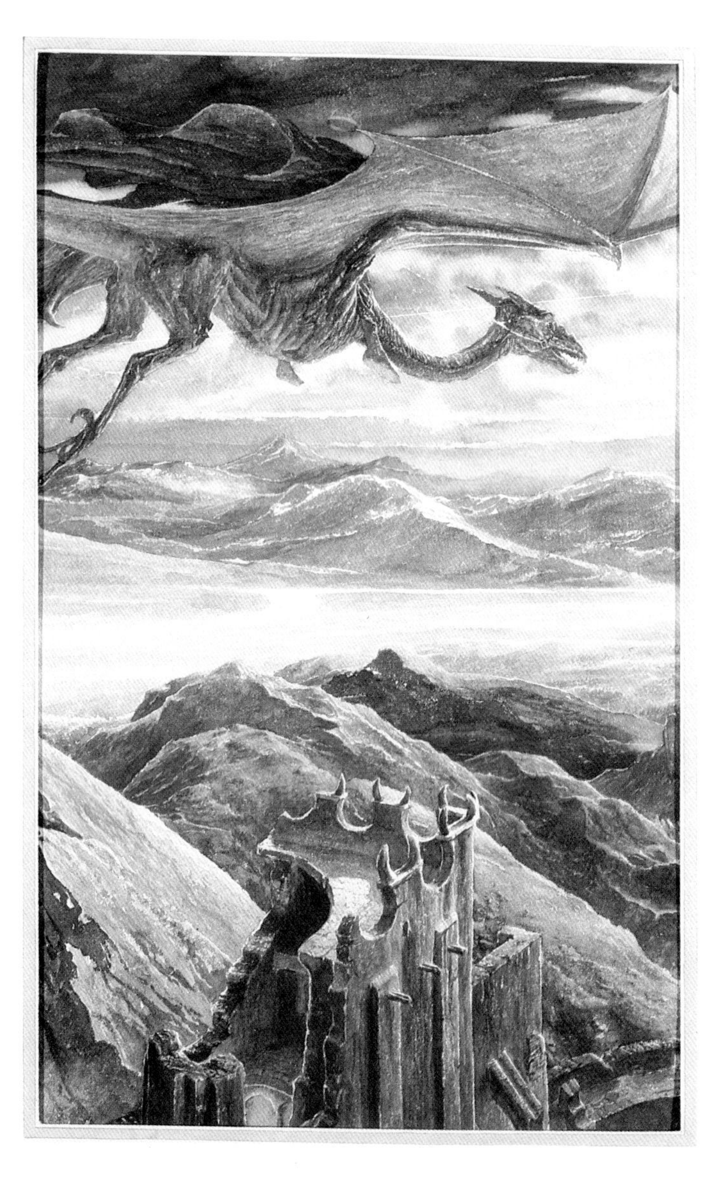

5
6
7
8
9

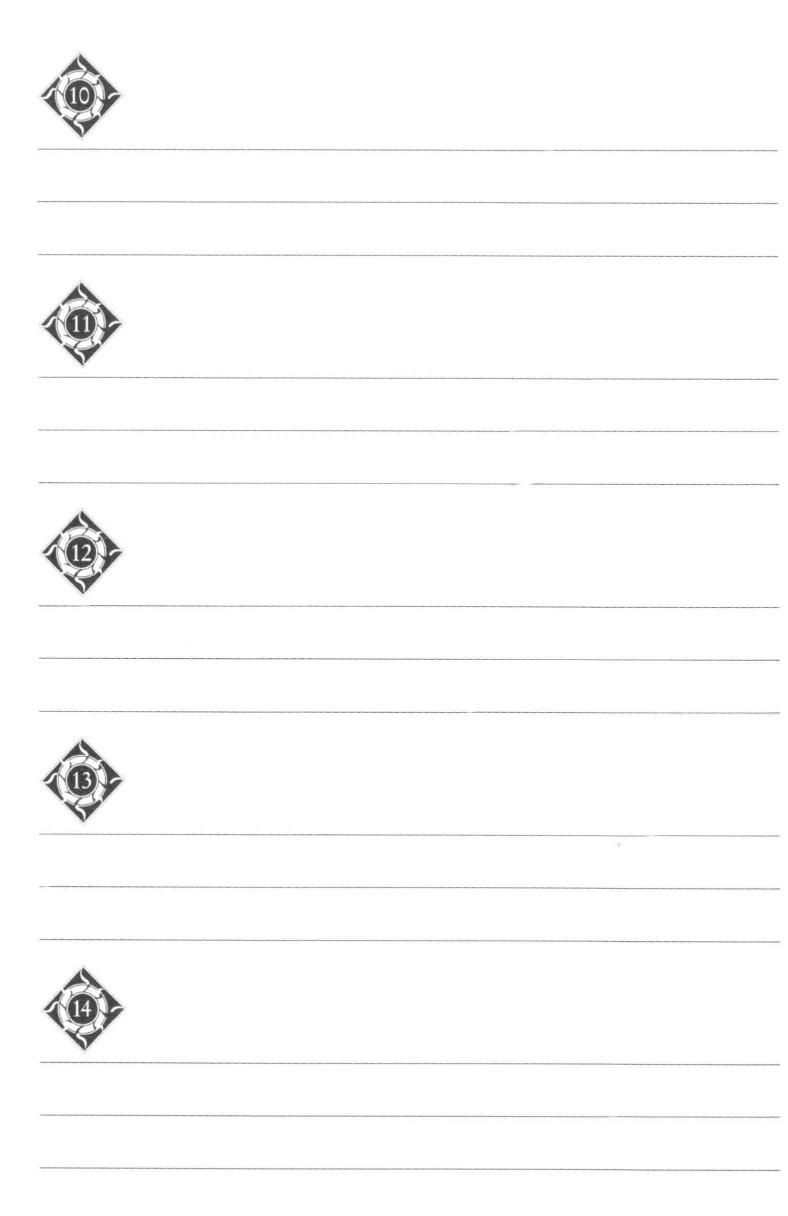

15
16
17
18
19

20
21
22
23
24

25
26
27
28
29

OCTOBER

1

2

3

9
10
11
12
13

14
15
16
17
18

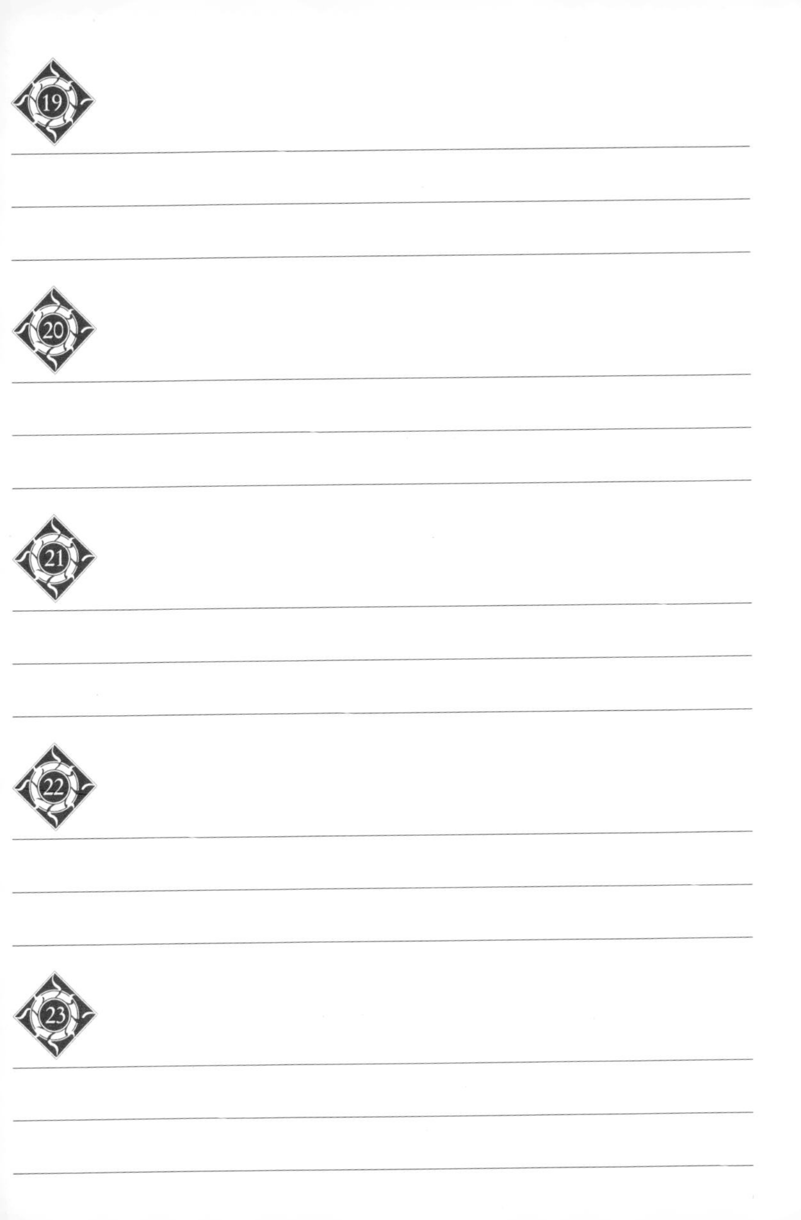
19
20
21
22
23

24
25
26
27
28

NOVEMBER

1

2

3

4

10
11
12
13
14

20
21
22
23
24

DECEMBER

4
5
6
7
8

9
10
11
12
13

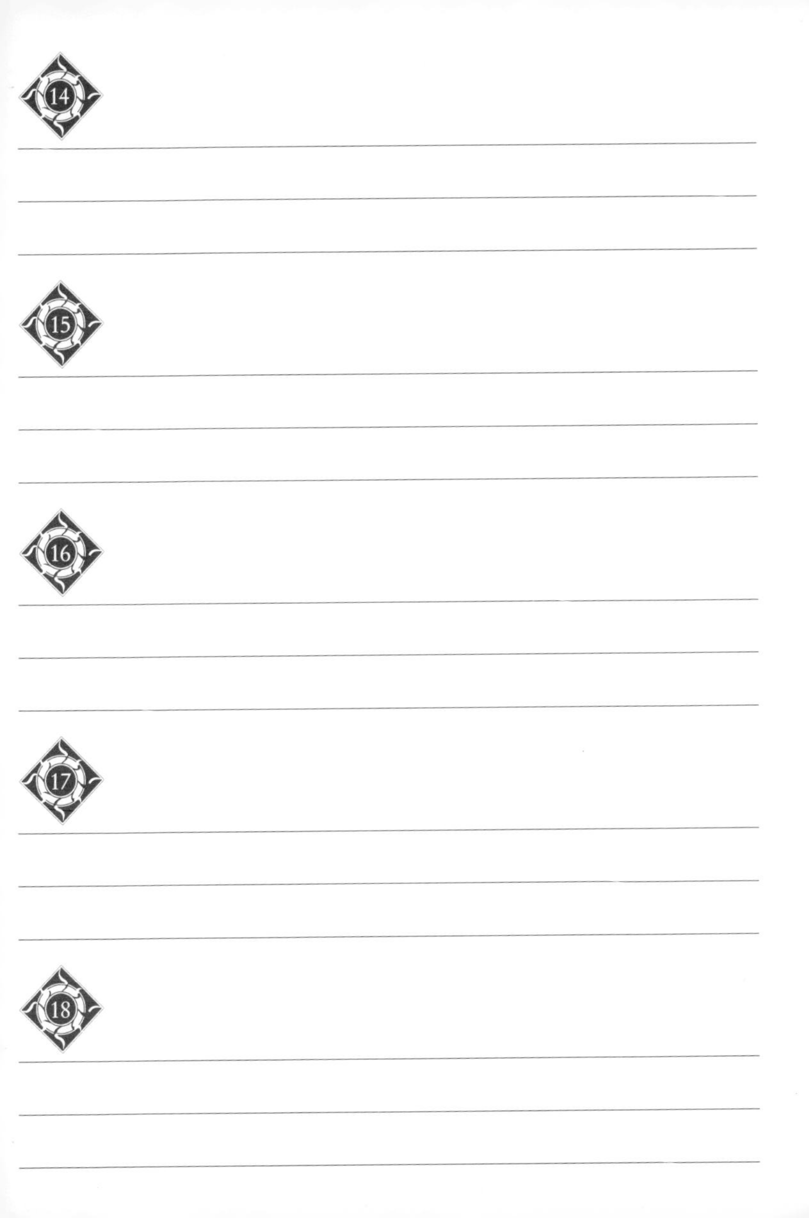

14
15
16
17
18

19
20
21
22
23

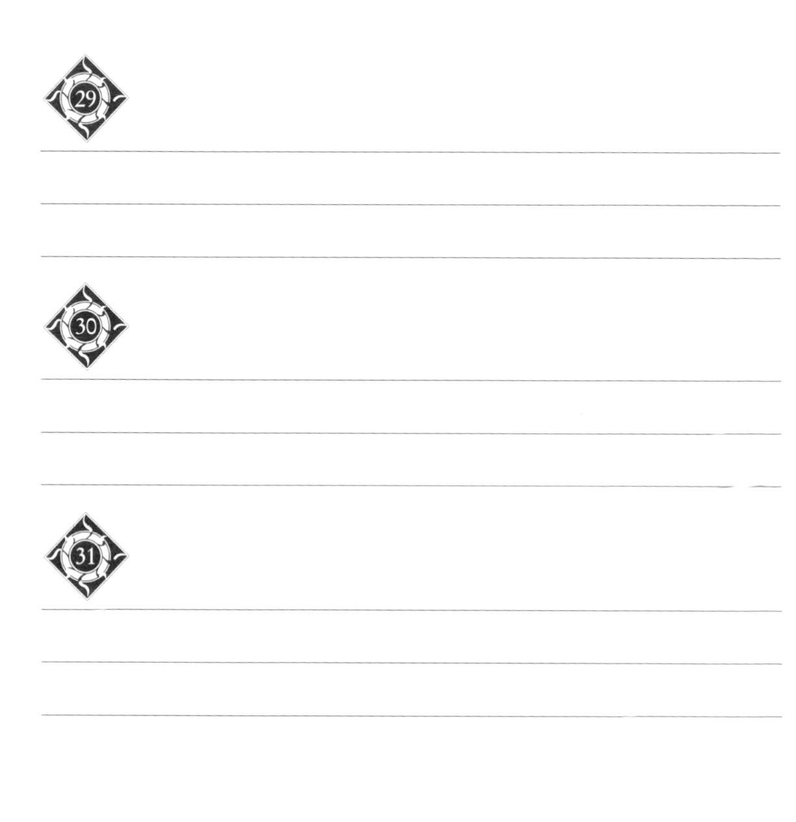
29
30
31

NOTES